AF358313

PETITE BIOGRAPHIE

DE

DUPONT DE L'EURE

NEUBOURG

IMPRIMERIE DE CHARLES BRANCHARD

DUPONT DE L'EURE

d'après la Statue en bronze

1

DUPONT
(DE L'EURE)

DUPONT DE L'EURE

DUPONT DE L'EURE (Jacques-Charles), membre du conseil des Cinq-Cents, du Corps législatif et de la Chambre des députés; vice-président de la Chambre des représentants en 1815; garde des sceaux, ministre de la justice en 1830; président du Gouvernement provisoire de la République en 1848, officier de la Légion d'honneur, né au Neubourg (Eure), le 27 février 1767, fils de Pierre-Nicolas Dupont et de Marthe Ansou.

Administrateur, magistrat, homme politique, député, ministre, Dupont de l'Eure, pendant sa longue carrière, qui s'est prolongée jusqu'à quatre-vingt-neuf ans, a consacré plus de soixante années au service de son pays et s'est distingué dans les fonctions si nombreuses et si variées qu'il a

remplies, par ses talents, sa probité, son désinté-
ressement et son patriotisme.

Reçu avocat au Parlement de Normandie en
1789, après avoir étudié le droit sous la direction
du célèbre avocat Ferey, son parent, il fut élu
par ses concitoyens du Neubourg, aux premières
fonctions municipales de cette commune, le 27 février 1792, le jour même où il atteignait sa vingt-
cinquième année.

Nommé administrateur du district de Louviers
le 30 brumaire an II, il devint juge au tribunal
civil de cette ville, le 28 nivôse suivant, et rede-
vint administrateur du district le 21 germinal de
la même année. Appelé en l'an V aux fonctions
de substitut du commissaire du Directoire exécutif
près le tribunal civil de l'Eure, il passa l'année
suivante au tribunal criminel du même département, en qualité d'abord d'accusateur public,
puis de président, et fut élu le 20 germinal an VII
(9 avril 1799), député au conseil des Cinq-Cents.

Elu conseiller au tribunal d'appel de Rouen en
l'an VIII, il ne séjourna à Rouen que fort peu de
temps et revint presqu'aussitôt à Evreux reprendre
son siège de président du tribunal criminel de
l'Eure, qui reçut bientôt le titre de *Cour de
justice criminelle*. Compris dans les premières
promotions de l'ordre de la Légion d'honneur
pour le département de l'Eure, il prêta serment
comme légionnaire le 3 fructidor, an XII, (21
août 1804).

Pendant l'exercice de ses fonctions de président, il fit preuve d'une courageuse impartialité, en résistant à la police impériale, qui voulait faire condamner un famille royaliste qu'elle avait faussement impliquée dans une affaire de chouannerie et en proclamant hautement dans un arrêt célèbre, en date du 11 mars 1809, l'innocence de cette famille opprimée. Cet acte d'indépendance retarda son avancement. Néanmoins, en 1812, lors de la réorganisation de la magistrature, il fut nommé conseiller à la cour de Rouen, et, peu après, président de chambre à la même cour.

Présenté deux fois, en 1806 et en 1812 comme candidat au Corps législatif, par le collège électoral de l'Eure, il finit par être nommé député par le Sénat en 1813.

Lorsque Louis XVIII, après la chute de Napoléon Ier convoqua, en juin 1814, le Corps législatif, Dupont de l'Eure fut nommé vice-président de cette assemblée à la presque unanimité. Il fut fait officier de la Légion d'honneur le 28 décembre 1814.

En 1815, pendant les Cent Jours, le département de l'Eure l'envoya à la Chambre des représentants où il fut élu second vice-président, et où il figura parmi les chefs de l'opposition que les arrière-pensées de Napoléon et son retour aux idées absolutistes avait provoquée.

Après le désastre de Waterloo, au moment

où l'armée était anéantie et où la France n'avait plus rien à espérer de la force des armes, ne voulant pas désespérer encore, Dupont de l'Eure, enflammé par son patriotisme, monta à la tribune et proposa hardiment à l'Assemblée, qui l'adopta, la fameuse déclaration du 3 juillet 1815, par laquelle, répondant au manifeste des puissances alliées, et faisant appel aux générations futures, l'Assemblée faisait connaître les vœux de la nation et exposait les principes suivant lesquels elle entendait être gouvernée quel que fut le monarque. Il eut l'honneur d'être chargé avec La Fayette, Sorbier Delessert et Laffite d'aller porter aux souverains ennemis, qui étaient aux portes de la capitale, cette énergique protestation que le pays désarmé opposait aux violences des envahisseurs et par laquelle il réclamait toutes les grandes institutions qui sont aujourd'hui l'apanage des peuples civilisés : la liberté des cultes, le système représentatif, le libre consentement des levées d'hommes et d'impôts, la responsabilité des ministres, l'inviolabilité des propriétés, l'abolition de toute confiscation de biens, l'institution du jury et l'inamovibilité de la magistrature. Malheureusement la force prima encore le droit. Dupont de l'Eure et ses collègues ne purent parvenir jnsqu'aux souverains ennemis et l'Assemblée fut violemment expulsée du local de ses séances, le 8 juillet 1815.

Le mouvement réactionnaire qui suivit la seconde restauration empêcha Dupont de l'Eure d'être réélu au mois d'août 1815 ; mais, dès le mois de septembre 1816, après la dissolution de la Chambre dite des *Introuvables*, il fut choisi comme candidat à la députation par les assemblées électorales de Louviers et de Rouen, malgré l'opposition du ministre qui le fit exclure du Conseil général de l'Eure ; et s'il ne fut pas élu dans ce département, ce ne fut que par cette circonstance, que le collège électoral, réuni au chef-lieu, ne put se constituer en nombre suffisant, mais le 20 septembre 1817 les électeurs de l'Eure le renvoyèrent à la Chambre des députés, où il se signala en dénonçant divers actes arbitraires du ministère, en plaidant avec chaleur la cause des membres de la Légion d'honneur, en réclamant une stricte économie dans les finances, et demandant la réduction des gros traitements, à commencer par les ministres, afin d'alléger le poids des charges publiques.

Cette conduite lui attira une nouvelle disgrâce du pouvoir. Pour punir le député indépendant, le ministère destitua le magistrat, sous une forme hypocrite, en omettant son nom dans les nouveaux cadres de la magistrature en 1818 et, sans respect pour l'inamovibilité proclamée par la Charte, elle le priva de ses fonctions de président, sans lui laisser même les droits que vingt-sept années de services lui avaient acquis à une retraite, que la modicité de sa fortune lui rendait presque indispensable. Cette mesure arbitraire ne fit qu'attirer à Dupont de l'Eure de nombreux témoignages de sympathie et inspira à son fidèle ami Béranger une chanson vengeresse intitulée

« *le Trembleur* » qui fit le tour de la France. Depuis sa disgrâce, Dupont de l'Eure fut constamment réélu député et le pays, en 1824, lui offrit par souscription, à titre de récompense nationale, un domaine situé dans l'Eure, près Beaumont le Roger, la terre *du Hom*, afin de lui permettre de payer le cens exigé par la loi et de le rendre éligible.

Nommé successivement député à Pont-Audemer, le 4 novembre 1820, à Paris, en 1824 en remplacement du général Foy, à Bernay, le 17 novembre 1827 et le 23 juin 1830, Dupont de l'Eure, de 1818 à 1830, fut constamment sur la brèche, avec l'élite de l'opposition libérale, luttant énergiquement contre l'ancien régime et les dangereux conseillers de la branche aînée des Bourbons, qui la conduisaient à sa perte.

Lorsque parurent les ordonnances de juillet 1830, Dupont de l'Eure, qui avait été l'un des rédacteurs de la fameuse adresse des 221, se trouvait alors dans sa retraite de Rouge-Perriers, près le Neubourg. Il partit aussitôt pour Paris où il arriva le 30 juillet. Le nouveau roi jugea que le concours d'un homme tel que lui, dont la popularité était aussi grande, pouvait lui être très précieux pour asseoir son trône et l'aider à traverser les premiers temps de la crise. Il insista pour lui faire accepter le portefeuille du ministre de la justice.

Dupont de l'Eure, qui ne partageait pas complètement les espérances que ses amis La Fayette et Laffitte fondaient sur le duc d'Orléans, hésita un instant. Cependant il se décida, et ce fut dans ses mains, comme garde des sceaux, que Louis-Philippe prêta serment dans la séance du 9 août 1830

Il donna à ce moment un grand exemple, non de générosité, comme on l'a dit à tort, mais de la plus scrupuleuse honnêteté, en refusant une allocation de vingt-cinq mille francs qu'on vint lui apporter pour ses frais d'installation comme ministre, qui était fondée sur un usage, mais qui ne reposait sur aucune loi.

Ce trait ébruité fut l'occasion d'un curieux colloque entre le nouveau ministre et le nouveau roi. Comme Louis-Philippe qualifiait un peu amèrement cet acte d'*un luxe de susceptibilité :* « Non Sire, lui répondit Dupont de l'Eure, c'est de la probité, voilà tout. »

Un autre jour, le roi remarquant que Dupont de l'Eure n'avait point de ruban rouge à sa boutonnière lui dit :

« Eh quoi! monsieur Dupont, vous n'avez point la Croix d'Honneur? Voici la mienne, je vous la donne. »

« Merci, Sire, répondit Dupont de l'Eure, depuis longtemps déjà je suis Officier de l'Ordre. »

« Alors, répartit le roi, je vous fais commandeur. »

« Sire, reprit Dupont de l'Eure, je n'ai rien

fait pour mériter cette récompense, je ne puis l'accepter. »

Bientôt en désaccord avec ses collègues sur la direction à imprimer au nouveau régime, il forma la résolution de se retirer, et ne consentit à rester jusqu'après le procès des ministres de Charles X, que pour éviter des complications au milieu des dangers que ce procès faisait naître et dans l'intention bien arrêtée de s'opposer à l'exécution de la peine capitale, si elle venait à être prononcée contre les accusés.

Son extrême franchise n'avait pas tardé, du reste, à lui faire une situation très difficile avec le roi lui-même. Leurs relations devinrent tellement tendues que Louis-Philippe l'ayant menacé un jour, dans une discussion très vive, de le démentir et d'en appeler à l'opinion publique, Dupont de l'Eure, qui se sentait fort de sa conscience et de sa popularité, lui répondit avec dignité :

« Prenez garde, Sire, devant ce tribunal, la voix d'un simple citoyen peut être plus puissante que celle d'un roi. »

Le duc d'Orléans qui était présent à la discussion intervint heureusement, il apaisa le roi et le ministre et les réconcilia ; mais il n'y avait plus d'entente possible entre eux sur le terrain de la politique et Dupont de l'Eure, qui le comprenait bien, n'attendit plus qu'une occasion d'exécuter son projet de retraite. La démission du général La Fayette, son ami, amenée par la suppression du grade de commandant général des gardes nationales du royaume, lui fournit cette occasion. Il envoya sa démission au roi par une lettre en date du 17 octobre 1830, où il s'éleva avec une grande vivacité contre la mesure qui avait été prise à l'égard du général et contre plusieurs autres mesures qui lui paraissaient inspirées par les mêmes tendances : telles que l'ajournement de la loi électorale, à laquelle il attachait une importance capitale, car il voulait préparer l'avénement du suffrage universel dont il fut l'un des promoteurs. A partir de ce moment, Dupont de l'Eure rentra avec La Fayette dans les rangs de l'opposition et s'y maintint constamment.

Le ministère du 13 mars chercha plusieurs fois à le rattacher à son système ; mais il s'y refusa obstinément, tenant à conserver son indépendance.

La mort de Dulong, son jeune parent et son ami, comme lui député de l'Eure, tué en duel par le général Bugeaud, le 30 juillet 1834, le plongea dans une douleur si profonde, qu'il cessa de paraître à la Chambre et envoya sa démission, par une lettre longuement motivée, ne pouvant se résoudre à avoir sans cesse sous les yeux l'homme qui avait tué son meilleur ami ; mais les électeurs ne voulurent point rester privés de ses services et lui renouvelèrent, malgré lui, leur mandat. Réélu à Brionne, aux élections générales du 21 juin 1834, il se laissa vaincre enfin par les instances de ses amis et vint reprendre sa place accoutumée à l'Assemblée, où il fut renvoyé successivement et parfois cumulativement par les électeurs de Brionne et de Bernay, le 4 novembre 1837, le 9 juillet 1842 et le 1er août 1846.

Engagé avec toute l'opposition libérale dans la célèbre campagne réformiste, il présida, le 12 décembre 1847, au Neubourg, un grand banquet électoral qui eut beaucoup de retentissement.

Il se trouvait à la Chambre des députés à la fameuse séance du 24 février 1848. Lorsque les combattants victorieux eurent envahi l'Assemblée, après le départ de la duchesse d'Orléans, de ses enfants et des ducs de Nemours et de Montpensier, qui avaient été obligés de se retirer précipitamment; comme plusieurs coups de feu partis des tribunes avaient mis en fuite un certain nombre de députés, et comme le président avait abandonné son siège, Dupont de l'Eure, acclamé par la foule, fut invité à prendre la présidence et porté pour ainsi dire au fauteuil présidentiel. — Malgré son grand âge (il avait alors près de quatre-vingt-deux ans) il se mit à présider cette tumultueuse séance où la République fut proclamée et où fut constitué le gouvernement provisoire, auquel était confié le soin de la fonder et de gouverner le pays jusqu'à la réunion de l'Assemblée constituante.

Il fut naturellement élu, aux acclamations universelles, président de ce gouvernement, et peut compter ainsi au nombre des premiers Présidents de la République française. En parfaite communauté de vues et de sentiments avec Arago, il soutint avec fermeté, dans le sein du conseil, la politique sage et modérée de celui-ci.

Elu le 23 avril 1848 représentant à l'Assemblée constituante par les électeurs de la Seine et de l'Eure, il opta pour l'Eure, et le 4 mai suivant, au nom de tous les membres du gouvernement provisoire, il remit à l'Assemblée les pouvoirs qu'il tenait des circonstances et qui n'avaient été dans leurs mains qu'une sorte de dictature morale exercée sous l'empire de la nécessité.

Epuisé par les fatigues et les émotions de ces trois mois d'épreuves, trop rudes pour un homme de son âge, il ne voulut pas faire partie de la commission exécutive.

Lors de la lutte entre le général Cavaignac et Louis-Bonaparte pour la présidence de la République, il se prononça hautement pour le général, dont une lettre adressée à un de ses neveux, *M. Salomon Frémont de Bernay,* lettre qui reçut une grande publicité et dans laquelle il exprimait avec beaucoup de sagacité des appréhensions que les événements de 1852 et de 1870 n'ont que trop justifiées.

En retour, aux élections de 1849, pour la première fois depuis 1826, il ne fut pas réélu et le pays, entraîné par le nouveau courant politique qui s'était formé, délaissa le vieux lutteur qui était resté inébranlablement attaché à ses convictions.

Rentré dans la vie privée, Dupont de l'Eure s'est éteint doucement le 2 mars 1855, dans sa modeste retraite de Rouge-Perriers, à l'âge de quatre-vingt-neuf ans, ainsi que nous l'avons dit plus haut, ayant conservé jusqu'à la fin les belles qualités de son esprit supérieur.

Conformément à une note manuscrite qu'il avait laissée en date de 1853, il a été inhumé dans le cimetière du Neubourg, n'ayant pas voulu qu'on mit sur sa tombe d'autre inscription que son nom, la date et le lieu de sa naissance, ainsi que la date et le lieu de son décès. « J'ai toujours vécu avec simplicité, dit-il dans cette note, je veux quitter la vie sans plus de pompe ni d'appareil. »

Vingt-cinq ans après, ses compatriotes du Neubourg, qui avaient conservé le souvenir de ses services et de ses vertus et qui avaient gardé le culte de sa mémoire, provoquaient une souscription pour lui élever une statue, et la France, répondant à leur appel, cette statue se dressait bientôt au milieu de sa ville natale et était inaugurée le 4 septembre 1881, sous la présidence de Gambetta. (*)

Homme de bien par excellence, patriote sincère et éclairé, toujours fidèle à ses convictions et à ses principes, Dupont de l'Eure a été considéré

(*) La statue est l'œuvre d'un sculpteur d'Évreux, M. Emile DÉCORCHEMONT.

La grille qui entoure le monument est due à la générosité de M. PICARD, Conseiller général.

comme la personnification de l'*Honnêteté politique* et est demeuré respecté de tous les partis.
M. Guizot, dont il fut un des plus constants ad-
versaires, lui a rendu ce bel hommage : « Il avait,
dit-il, une foi honnête et obstinée dans ses idées,
les croyant conformes à la justice et se sentant
prêt à leur sacrifier les intérêts de son ambition
et de sa fortune. » Parlant de lui, l'auteur du
Livre des orateurs dit que « son bon sens, au
point où il l'avait, pouvait être, comme celui de
Phocion, la hache de plus d'un discours. » Son
talent oratoire, qui consistait surtout dans sa vi-
goureuse droiture et son intraitable probité, lui
avaient fait donner sous la Restauration le sur-
nom d'*Aristide* de la tribune française.

Dupont de l'Eure a laissé un fils, Charles
Dupont, capitaine du génie, chevalier de la Légion
d'Honneur, qui a été lui-même député à l'Assemblée nationale de 1871. Il est mort prématurément
le 11 janvier 1872, sans postérité.

E. L.

Neubourg. — Charles BRANCHARD, imprimeur.

www.ingramcontent.com/pod-product-compliance
Lightning Source LLC
LaVergne TN
LVHW021911180726
843502LV00008B/3013